A PALAVRA FEIA DE ALBERTO

Título original: *Elbert's bad word*
Título da edição brasileira: *A palavra feia de Alberto*
ELBERT'S BAD WORD by Audrey Wood,
illustrated by Audrey Wood and Don Wood
Text copyright© 1988 by Audrey Wood
Illustrations copyright© 1988 Audrey Wood and Don Wood
Published by arrangement with Harcourt Brace & Company

Edição brasileira
Editora   Lenice Bueno da Silva
Editor assistente   Anabel Ly Maduar

ARTE
Editor   Alcy
Produção gráfica   Ademir C. Schneider
                     Regina Iamashita Yokoo
                     Aluízio Johnson

CIP-BRASIL. CATALOGAÇÃO NA FONTE
SINDICATO NACIONAL DOS EDITORES DE LIVROS, RJ

W853p
5.ed.

Wood, Audrey, 1948-
  A palavra feia de Alberto / Audrey Wood ; ilustrações Audrey e Don Wood ; tradução Gisela Maria Padovan. - 5.ed. - São Paulo : Ática, 2000.
  32p. : il. -(Abracadabra)

  Tradução de: Elbert's bad word
  ISBN 978-85-08-04667-6

  1. Literatura infantojuvenil americana. I. Wood, Don, 1945-. II. Padovan, Gisela Maria. III. Título. IV. Série.

09-2859.   CDD: 028.5
                                        CDU: 087.5

ISBN 0-15-225320-2 (ed. original)
ISBN 978 85 08 04667-6

CL: 731942
CAE: 232240

2022
5ª edição
23ª impressão
Impressão e acabamento:Bartira

Todos os direitos reservados pela Editora Ática S.A.
Avenida das Nações Unidas, 7221
Pinheiros – São Paulo – SP – CEP 05425-902
Atendimento ao cliente: (0xx11) 4003-3061
www.aticascipione.com.br
atendimento@aticascipione.com.br

IMPORTANTE: Ao comprar um livro, você remunera e reconhece o trabalho do autor e o de muitos outros profissionais envolvidos na produção editorial e na comercialização das obras: editores, revisores, diagramadores, ilustradores, gráficos, divulgadores, distribuidores, livreiros, entre outros. Ajude-nos a combater a cópia ilegal! Ela gera desemprego, prejudica a difusão da cultura e encarece os livros que você compra.

A PALAVRA FEIA DE ALBERTO

Audrey Wood
ilustrações
Audrey e Don Wood

tradução
Gisela Maria Padovan

Uma tarde, numa festa muito elegante,

o jovem Alberto ouviu uma palavra que nunca tinha escutado antes.

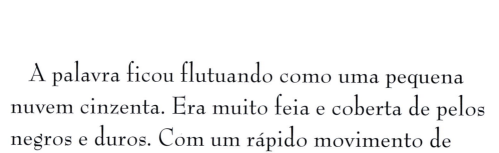

A palavra ficou flutuando como uma pequena nuvem cinzenta. Era muito feia e coberta de pelos negros e duros. Com um rápido movimento de pulso, Alberto pegou a palavra no ar e colocou-a dentro de seu bolso traseiro.

Logo o garoto se esqueceu da palavra e continuou perambulando pela festa. A palavra, entretanto, ficou esperando pacientemente. E quando a tia Isabella,

que era soprano, começou a cantar uma ópera, a palavra
se encolheu toda, como um borrachudo, e voou
até a boca de Alberto.

Foi quando começou a confusão. Chives, o mordomo, estava tentando equilibrar um número muito grande de bandejas com ovos condimentados.

Mas deixou tudo cair em cima do vestido de madame Friatta.

Madame Friatta, por sua vez, derrubou seu coquetel na careca do sr. Hilário.

O sr. Hilário atirou seu taco de croqué para o alto.

Então, fazendo um baque surdo, o taco aterrissou bem em cima do dedão do pé de Alberto. O garoto abriu a boca para gritar, mas a palavra feia saiu primeiro, muito maior e mais horrorosa do que antes.

Todos os convidados ficaram chocados. Eles não conseguiam acreditar no que estavam ouvindo.

– Venha comigo, rapazinho! – disse a mãe de Alberto, franzindo as sobrancelhas. A palavra se encolheu de novo, ficou mais ou menos do tamanho de um ratinho, e foi junto com Alberto, escondida em sua sombra.

No banheiro, a mãe de Alberto lhe entregou um pedaço de sabão.

– As pessoas não dizem palavras feias – falou. – Esfregue bem para que ela saia de sua boca e nunca mais a use novamente.

Enquanto Alberto esfregava a língua, a palavra feia sentou-se no ombro do garoto e ficou rindo maldosamente.

Alberto sabia que alguma coisa tinha de ser feita.

Então, saiu correndo por uma trilha coberta de pedrinhas, passou pela piscina brilhante, deixou para trás o jardim de inverno e foi bater na casa do jardineiro. O jardineiro, que também era um mágico praticante, abriu a porta com um sorriso.

– Entre – falou –, e traga essa coisa com você.

O mágico jardineiro ficou logo sabendo que Alberto tinha pegado uma palavra feia e precisava ser curado. Puxou a tampa de sua escrivaninha e abriu uma gaveta repleta de palavras que estalavam e cintilavam.

— Algumas vezes precisamos de palavras muito fortes — explicou — para mostrar como estamos nos sentindo. Use estas aqui e talvez você não tenha mais problemas.

Tirando as palavras cintilantes de dentro da gaveta, o mágico jardineiro jogou-as em uma tigela com farinha e mel. Adicionou algumas uvas-passas, leite e ovos, misturou tudo, e em seguida assou um pequeno bolo.

O bolo estava tão gostoso que Alberto devorou até a última migalha. E, à medida que mastigava, a palavra feia foi murchando, murchando, até ficar do tamanho de uma mosca, e pulou em sua gravata.

Quando Alberto voltou para a festa, todos estavam se deliciando com o solo em dó menor que o primo Rodolfo estava tocando em seu oboé.

Mas logo a confusão começou de novo.

Chives, o mordomo, tropeçou na estola de pele de madame Friatta.

Madame Friatta, por sua vez, deixou cair sua musse de chocolate na careca do sr. Hilário.

O sr. Hilário atirou seu taco de croqué para o alto.

Então, fazendo um baque surdo, o taco aterrissou bem em cima do dedão do pé de Alberto.

A música parou.

Todo mundo ficou olhando para o garoto.

O rosto de Alberto ficou vermelho de raiva.

– OH, CÉUS! RAIOS E TROVÕES!
POR TODOS OS DEMÔNIOS!
COM A BRECA! COM OS DIABOS!
PELA MADRUGADA! – gritou ele.

Todos deram um suspiro de alívio e Alberto foi homenageado com três brindes...

... mas ninguém estava mais satisfeito do que o próprio Alberto. Logo que a música recomeçou, ele viu uma coisa que mais parecia uma pequena aranha se esgueirar para dentro de um buraco bem escuro e desaparecer para sempre.